한글 부모은중경 사경

무비 스님 편저

窓

사경은 무량공덕의 기도

무비 스님

부처님께서 말씀하시기를 "수보리야, 나는 과거 무량아승지겁 동안 팔백 사천 만억이나 되는 수많은 부처님을 받들어 섬기고 공양(供養)올렸느니라. 그러나 만약 어떤 사람이 이 부모은중경을 쓰거나 독송하여 얻은 공덕(功德)과 비교한다면 부처님을 받들어 섬기고 공양한 공덕으로는 천만분의 일도 미치지 못하느니라. 왜냐하면 이 경전의 의미는 불가사의하며 그 과보(果報)도 또한 불가사의하기 때문이다."라고 하시었습니다. 부모은중경은 부모의 은혜가 한량없이 크고 깊음을 설하여 그 은혜에 보답할 것을 가르치는 불교경전으로 ≪불설대보부모은중경(佛說大報父母恩重經)≫이라고 합니다. 이 경의 특징은 부모의 은혜를 십대은(十大恩)으로 나누어서 구체적이고 과학적으로 설명하고 있으며, 내용은 어머니 품의 잉태에서부터 해산할 때까지의 고통을 이기는 은혜는 말할 것도 없고, 끝까지 불쌍히 여기고 사랑해주는 부모의 은혜 등으로 십대목입니다. 특히 효경보다 어머니의 은혜를 강조하고 있습니다. 우리가 한 생을 살아가면서 이와 같은 귀중한 가르침을 만난다는 것은 이 세상에 그 무엇과도 비교할 수 없는 행복한 일입니다.

경전을 통한 수행에는 네 가지를 듭니다. 서사(書寫)·수지(受持)·독송(讀誦)·해설(解說)이 그것입니다. 서사란 사경(寫經)으로서 경전을 쓰는 일입니다. 경전을 쓰는 일은 온 몸과 마음을 다해야 하기 때문에 최상제일이며 무량공덕의 기도가 됩니다. 사람이 살아가는 일에 있어서 이보다 더 소중하고 값진 일은 없을 것입니다.

사경공덕수승행 무변승복개회향
寫經功德殊勝行 無邊勝福皆廻向
보원침익제유정 속왕무량광불찰
普願沈溺諸有情 速往無量光佛刹

경을 쓰는 이 공덕 수승하여라
가없는 그 복덕 모두 회향하여
이 세상의 모든 사람 모든 생명들
무량광불 나라에서 행복하여지이다.

불기 2545년 동안거

발 원 문

사경제자 :   합장

사경시작 일시 :   년   월   일

사경의식

삼귀의례

    거룩한 부처님께 귀의합니다.

    거룩한 가르침에 귀의합니다.

    거룩한 스님들께 귀의합니다.

개경게

    가장 높고 미묘하신 부처님 법

    백천만 겁 지나도록 인연 맺기 어려워라

    내가 이제 불법진리 보고 듣고 옮겨 쓰니

    부처님의 진실한 뜻 깨우치기 원합니다.

사경발원

    자신이 세운 원을 정성스런 마음으로 발원한다.

입정

    정좌해서 마음을 고요히 하여 사경할 자세를 갖춘다.

사경시작

사경끝남

사경봉독

   손수 쓴 경전을 소리내어 한 번 독송한다.

사경회향문

   경을 쓰는 이 공덕 수승하여라
   가없는 그 복덕 모두 회향하여
   이 세상의 모든 사람 모든 생명들
   무량광불 나라에서 행복하여지이다.

불전삼배

사홍서원

   중생을 다 건지오리다.
   번뇌를 다 끊으오리다.
   법문을 다 배우오리다.
   불도를 다 이루오리다.

한글 부모은중경
(佛說大報父母恩重經)

무비 스님

제1편 이 경을 설한 인연(序分)

이와 같이 나는 들었습니다.

한때 부처님께서 사위국의 왕사성에 있는 기수급고독원에서 대비구 3만 8천 명과 여러 보살마하살과 함께 계셨습니다.

제2편 마른 뼈의 가르침 (宗正分)

제1장 은혜에 보답하는 것도 인연 (報恩因緣)

제1절 여래께서 엎드려 땅에 절함 (如來頂禮)

이 때에 부처님께서 대중들과 함께 남방으로 가시다가 한 무더기의 마른 뼈를 보셨습니다. 그때 부처님께서는 땅에 엎드리시며 마른 뼈에 예배를 드리셨습니다. 이를 보고 아난과 대중이 부처님께 여쭈었습니다.

"세존이시여, 여래께서는 삼계의 큰 스승이며, 사생(四生)의 자비로운 아버지이시며, 여러 사람들이 귀의해 존경하옵는데 어찌하여 마른 뼈에 예배를 하시옵니까?"

제2절 전생을 말함(佛認宿世)

부처님께서 아난에게 말씀하셨습니다.

"네가 비록 나의 뛰어난 제자이고, 출가한 지도 오래되었지만 아직 널리 깨닫지 못하는구나. 이 한 무더기의 마른 뼈가 혹시 나의 전생의 오랜 조상이나 부모님의 뼈일 수도 있기에 내가 지금 예배를 드리는 것이니라."

제3절 두 가지로 나눔(二分問答)

부처님께서 다시 아난에게 말씀하셨습니다.

"아난아, 네가 이제 한 무더기의 마른 뼈를 둘로 나누어 보아라. 만일 남자의 뼈라면 희고 무거울 것이요, 만약 그것이 여자의 뼈라면 검고 가벼울 것이니라."

아난은 의문이 풀리지 않아 부처님께 다시 여쭈었습니다.

"세존이시여, 남자는 이 세상에 살아 있을 때 큰옷을 입고 띠를 매고 신을 신고 모자를 쓰고 다니기 때문에 남자의 몸인 줄 압니다. 또한 여자는 세상에 살아 있을 때 연지와 곤지를 곱게 바르고 좋은 향기를 풍기고 다니기 때문에 여인의 몸인 줄 알게 됩니다. 그러나 지금처럼 죽은 후의 백골은 모두 같은데, 저로 하여금 어떻게 구별해 보라고 하시옵니까?"
부처님께서 아난에게 말씀하셨습니다.
"만약 남자라면 세상에 있을 때에 절에 가서 강의도 듣고 경도 외우며, 삼보에 예배하고 부처님의 이름도 생각했을 것이다. 그러므로 뼈는 희고 또한 무거울 것이다. 그러나 반대로 여자라면 세상에 있을 때 음욕에만 뜻을 두고, 아들 딸을 낳고 기르는 데 있어, 한 번 아이를 낳을 때마다 서 말 서 되나 되는 엉킨 피를 흘리며, 자식에게 여덟 섬 너 말이나 되는 흰 젖을 먹여야 한다. 그런 까닭으로 뼈가 검고 가벼울 것이다."

아난이 이 말씀을 듣고 어머님 생각에 가슴을 마치 칼로 도려낸 듯한 아픔에 슬프게 눈물을 흘리며 부처님께 여쭈었습니다.

"세존이시여, 어머니의 은덕을 어떻게 보답해야 되겠습니까?"

제2장 낳으시고 기르신 은혜 (歷陳恩愛)

제1절 잉태했을 때의 고생 (彌月劬勞)

부처님께서 아난에게 말씀하셨습니다.

"이제부터 자세히 똑똑히 듣고, 또 자세히 들어라. 내가 너를 위하여 소상하게 구분해서 말해주겠느니라. 어머니가 아이를 갖게 되면 열 달 동안 그 고통과 수고가 많으니라. 어머니가 아이를 잉태한지 첫달이 되면 그 태아는 마치 풀잎에 맺힌 이슬과 같아서 아침에는 있었다가 저녁에는 없어질 수도 있다. 이는 이른

새벽에는 피가 모여들었다가 낮이 되면 흩어지기 때문이다.

어머니가 잉태한 지 두 달이면 마치 엉킨 우유처럼 되느니라.

어머니가 잉태한 지 셋째 달이 되면 태아가 마치 엉킨 피와 같다.

어머니가 잉태한 지 넷째 달이 되면 점차로 사람의 형상을 이루니라.

어머니가 잉태한 지 다섯 달이 되면 어머니의 뱃속에서 오포가 생기게 된다. 이 오포란 머리, 두 팔과 두 무릎을 합하여 모두 다섯 부분이 되느니라.

어머니가 잉태한 지 여섯 달이 되면 아이가 어머니 뱃속에서 여섯 가지 육정(六精)이 열리게 되느니라. 여섯 가지 정이란, 첫째 눈이요, 둘째는 귀이며, 셋째는 코이며, 넷째 입이고, 다섯째 혀이며, 여섯째는 뜻(마음)을 말하느니라.

어머니가 잉태한 지 일곱 달이 되면 아이가 어머니 뱃속에서 3백 6십 뼈마디와 8만 4천의 털구멍이 생기게 되느니라.

어머니가 잉태한 지 여덟 달이 되면 그 의식과 지혜가 생기고, 또한 아홉 개의 구멍이 뚜렷하게 되느니라.

어머니가 잉태한 지 아홉 달이 되면 아이가 어머니의 뱃속에서 무엇인가를 먹게 된다. 그러나 복숭아·배·마늘은 먹지 않고 오곡(五穀)만을 먹어야 하느니라.

어머니의 생장(生藏)은 아래로 향하고, 숙장(熟藏)은 위로 향한 사이에 한 산이 있는데 세 가지 이름을 갖느니라. 한 이름은 수미산이요, 또 한 이름은 업산이요, 또 다른 이름은 혈산이다. 이 산이 한 번 무너지게 되면 한 덩어리의 엉킨 피가 되어 태아의 입속으로 흘러들게 되느니라.

어머니가 잉태한 지 열 달이 되면 비로서 태어나게 되는데 만일 효순(孝順)할 자식이라면, 두 손을 모아 합장하고 나오므로 어머니의 몸을 상하지 않게 한다. 그러나 만일 오역(五逆)의 죄를 범할 자식이면 어머니의 아기집을 찢고, 손으로는 어머니의 심장이나 간을 움켜쥐며, 발로는 어머니의 골반을 밟아 어머니로 하여금 마치 1천 개의 칼로 쑤시며 1만 개의 송곳으로 심장을 쑤시는 것처럼 고통을 주게 되느니라. 이처럼 고통을 주고

이 몸 받아 생을 얻었음에도 그 위에 오히려 아직도 열 가지 은혜가 또 있느니라."

제2절 열 가지 게로 찬송함(十偈讚頌)

첫째, 몸에 품어 보호해주신 은혜(懷耽守護恩)
여러 겁이 거듭하여 온 무거운 인연으로
이제 이승에 와서 어머니 모태에 들었네
날이 지나면서 오장이 생겨나고
일곱 달이 되어 육정이 열렸네
몸은 무겁기가 태산과 같고

거동할 때마다 찬바람과 재앙 조심하며
좋은 비단옷 두고도 입지 않으시고
매일 단장하던 화장대에는 먼지만 쌓였네

둘째, 낳으실 때 고통받으신 은혜(臨産受苦恩)

잉태하시어 열 달이 지나니
어려운 해산날이 다가오네
매일 아침마다 흡사 중병 든 사람같고
날마다 정신마저 흐려지고
두려움을 어찌 다 기억하며
근심의 눈물은 가슴을 적시네
슬픈 빛을 띠우고 주위에 하는 말

이러다가 죽지 않을까 겁이 나네

셋째, 자식 낳고 근심을 잊으신 은혜(生子忘憂恩)
자애로운 어머니가 그대를 낳던 날
오장이 모두 찢기고 벌어졌네
몸과 마음이 함께 기절하였고
피 흘린 자리가 양을 잡은 듯하네
낳은 아이 건강하다는 말 듣고
그 기쁨이 배로 되었네
기쁨이 가라앉자 다시 슬픔이 오면서
아픔이 심장까지 사무쳐 오네

넷째, 쓴것 삼키고 단것 뱉아먹이는 은혜
(咽苦吐甘恩)

무겁고 깊으신 부모님 은혜
베푸시고 사랑하심은 한시도 변함없이
단것은 다 뱉으시니 잡수실 것 무엇이며
쓴것만을 삼키셔도 싫어함이 없으시네
사랑이 무거우니 정을 참기 어렵고
은혜가 깊으니 슬픔만 더해지네
다만 아이가 배 부르기만을 바라시고
자애로운 어머니는 굶주려도 만족하시네

다섯째, 진자리 마른자리 가려 누이는 은혜
  (廻乾就濕恩)

어머니 당신은 젖은 자리 누우시고

아이는 안아서 마른 자리 찾아 뉘시네

두 젖을 먹여 목마름을 채워 주시고

고운 옷소맷자락으로는 찬바람 막아 주시네

아이 걱정에 밤잠을 설치셔도

아이 재롱으로 기쁨을 누리시네

오직 하나 아이만을 편하게 하시고자

자애로운 어머니는 불편도 마다 않으시네

여섯째, 젖을 먹여 길러주신 은혜(乳哺養育恩)

어머니의 깊은 사랑 땅과 같고

아버지의 높은 은혜 하늘과 같네

하늘과 땅과 같은 깊고 높은 마음

부모님 마음 또한 그와 같아서

눈이 없다 해도 미워하는 마음이 없고

손발이 불구라 해도 귀여워하시네

내 몸 속에서 키워 낳으신 까닭에

온 종일 아끼시며 사랑하시네

일곱째, 손발이 닳도록 깨끗이 씻어준 은혜
(洗濯不淨恩)

지난날 고우시던 옛 얼굴

아름답고 소담하시던 그 모습

푸른 눈썹은 버들잎 같았고

붉은 두 뺨은 연꽃빛을 안은 듯

은혜가 더할수록 그 모습은 여위셨고

씻기고 빨다 보니 손발이 거칠어지네

자식만을 생각하는 끝없는 노고

어머니의 얼굴에 잔주름만 늘었네

여덟째, 먼길 떠나면 걱정하시는 은혜
(遠行憶念恩)

죽어서 이별이야 말할 것도 없고

살아서 생이별 또한 고통스러운 것

자식이 집 떠나 멀리 나가면

어머니의 마음 또한 타향에 가 있네

낮이나 밤이나 자식 뒤쫓는 마음

흐르는 눈물은 천 줄기 만 줄기

새끼를 사랑하는 어미원숭이 울음처럼

자식 생각에 애간장 다 끊어지네

아홉째, 자식 위해 애쓰시는 은혜(爲造惡業恩)

부모님 은혜 강산같이 소중하여

갚고 갚아도 참으로 갚기 어려워라

자식의 괴로움 대신 받기 원하시고

자식이 고생하면 부모 마음 편치 않네

자식이 먼길 떠났다는 말 듣기만 해도

행여나 가는 길 밤추위 실로 걱정되네

아들딸의 고생은 잠시건만

어머니 마음은 오래도록 아프다네

열째, 끝까지 사랑하시는 은혜(究竟憐愍恩)

깊고 무거운 부모님의 크신 은혜

베푸신 큰 사랑 잠시도 그칠 새 없네

앉으나 서나 마음을 놓치 않고

멀거나 가깝거나 항상 함께 하시네

어머님 연세 백 세가 되어도

팔십된 자식을 걱정하시네

부모님의 이 사랑 언제 그치리이까

이 목숨 다하면 비로소 떠나시려나

제3장 은혜를 잊어버리는 불효(廣設業難)
제1절 여러 가지 죄악을 제시(指數諸愆)

부처님께서 다시 아난에게 말씀하셨습니다.

"내가 중생을 보니 비록 사람의 인품은 이어받았으나 마음과 행동이 어리석고 어두워서 부모님의 크신 은혜와 덕을 알지 못하느니라. 그래서 부모를 공경하는 마음을 잃고 은혜를 버리고 덕을 배반하며, 어질고 자비로움이 없어서 효도를 하지 않고 의리가 없느니라."

부처님께서 계속하여 말씀하셨습니다.

"어머니가 아이를 가져 열 달 동안은 일어서고 앉는 것이 매우 불편하여 무거운 짐을 진 것과 같고, 음식이 잘 소화되지 않아서 마치 큰 병든 사람과 같느니라. 달이 차서 아이를 낳을 때도 고통이 심하여 잠깐 동안의 잘못으로 죽게 되지 않을까 하는 두려움에 싸이며, 돼지나 양을 잡은 것처럼 피가 흘러 땅을 적시느니라. 온갖 고통을 이처럼 겪으면서도 이 몸을 낳아서 쓴것은 삼키고 단것은 뱉아 먹이시며 안아주고 업어서 기르신다. 더러운 것은 깨끗하게 씻어주고 더운 것도 참고, 추운 것도 참아가며 온갖 고생 마다하지 않으신다. 마른 자리는 자식을 뉘어주고 자신은 젖은 곳에 누우며, 3년 동안 어머니의 젖을 먹고 자라서 나이가 들어 마침내 성년이 된다. 그러면 예절과 의리를 가르치거나 시집 장가를 보내며, 벼슬하기 위하여 공부도 시키고 직업도 갖게 하느니라.

이렇게 애써 가르쳐도 은혜로운 정이 끊겼다고는 말할 수 없다. 아들 딸이 병이라도 들게 되면 부모님 또한 병이 생기며, 자식의 병이 나으면 자애로운 어머니의 병도 나으신다. 이와 같이 하루빨리 어른이 되기를 바라신다."
부처님께서 계속 말씀하셨습니다.
"이윽고 자식이 다 자란 뒤에는 도리어 불효를 행한다. 부모와 함께 이야기를 나눌 때 마음에 맞지 않는다고 눈을 흘기고 눈동자를 부릅뜬다. 큰 아버지와 작은 아버지도 속이고 형제간에 서로 때리고 따르지 않고, 부모님의 가르침과 지시도 도무지 따르지 않고 형제간의 말도 일부러 어긴다. 출입하고 왕래함에 있어서도 어른께 말씀드리기는커녕 말과 행동이 거칠고 교만하여 매사를 제멋대로 처리한다. 이런 것을 부모가 타이르고, 어른들이 그른 것을 바로 잡아 주어야 하거늘, 어린 아이라고 어여쁘게 생각하여 웃어른들이 감싸주기만 한다.

그래서 점점 커가면서 사나워지고 비뚤어져서 잘못한 일도 반성하지않고 오히려 성을 내게 된다. 또한 어버이를 버리고 나쁜 사람을 벗으로 사귄다. 그러한 나쁜 습성이 굳어지게 되어 몹쓸 계획을 세우며, 남의 유혹에 빠져 타향으로 도망쳐가서 마침내는 부모를 배반하게 된다.

고향과 집을 떠나, 혹은 행상이 되거나 혹은 싸움터에 나가 지내다가 갑자기 객지에서 결혼이라도 하게 되면 이로 말미암아 오랫동안 집에 돌아오지 못한다.

혹은 타향에서 잘못하여 남의 꾐에 빠져 횡액으로 갇히게 되어 억울하게 형벌을 받기도 하며, 감옥에 갇혀 목에 칼을 쓰고 손발에 족쇄를 차기도 한다.

혹은 질병과 우환을 얻어 고난을 당하거나 모질고 사나운 운수에 얽혀 고통과 고난에 배고프고 고달퍼도 누구 하나 보살펴주는 사람이 없다. 남의 미움과 천대를 받아 거리에 나앉는 신세가 되어 죽게 되어도 구해주고 돌봐줄 사람이 없다. 끝내는 죽게 되어 시체는 부풀어 터지고 썩어서 볕에 쬐고 바람에 날려 백골만 뒹굴게 된다. 이렇게 타향땅에 버려져서 친척들과 함께 즐겁게 만나기는 영영 멀어진다.

이렇게 되면 부모는 자식을 뒤쫓아 항상 근심과 걱정으로 산다. 혹은 울다가 눈이 어두워지기도 하며, 혹은 비통하고 애끓는 마음에 기가 막혀 병이 되기도 한다. 혹은 자식 생각에 몸이 쇠약해서 죽기도

하며, 이로 인해 외로운 혼이 원한이 되어서 끝내 잊어버리지 못한다.

혹은 다시 들으니, 자식이 효도와 의리를 숭상하지 않고, 나쁜 무리들과 어울려서 무례하고, 추악하고, 거칠고 사나워져서 무익한 일을 익히기 좋아하고, 남과 싸우며, 도둑질하고, 술마시고 노름을 하며, 여러 가지 과실을 저지른다. 이로 인해 형제에게까지 그 누를 끼치며 부모의 마음을 어지럽게 한다. 아무 일없이 새벽에 집을 나갔다가 저녁 늦게 돌아오는 것도 부모를 걱정하게 한다. 하물며 부모의 생활 형편이 춥고 더운 것에는 조금도 아랑곳하지 않고, 아침 저녁이나 초하루 보름에도 부모를 편히 모실 생각은 추호도 하지 않는다. 뿐만 아니라 부모가 연세 들어 쇠약해져 모습이 보기 싫게 되면 오히려 남이 볼까 부끄럽다고 괄시와 구박을 한다.

혹은 또 아버지가 홀로 되거나 어머니가 홀로 되어 빈방을 혼자서 지키면 마치 손님이 남의 집살이하는 것처럼 여겨 침상과 자리의 먼지나 흙을 털고 닦는 일이 없으며, 부모가 있는 곳에 문안하거나

살펴보는 일이 없다. 방이 추운지 더운지, 부모가 배가 고픈지 목이 마른지 일찍이 알지 못한다. 이리하여 부모는 밤낮으로 스스로 슬퍼하고 탄식을 한다. 혹은 맛있는 음식을 얻으면 이것으로 부모님께 봉양해야 하거늘, 이를 도리어 부끄럽게 여겨 다른 사람들이 비웃는다고 하면서도 혹은 좋은 음식을 보면 이것을 가져다가 처자식에게 주는 것이 추하고 못난 일이건만 부끄럽다 하지 않는다. 또 처첩과의 약속은 무슨 일이든지 잘 지키면서 부모의 말씀과 꾸중은 전혀 어렵고

두렵게 생각지 않는다.

혹은 딸자식이라면 남의 배필이 되어 시집가게 되는데, 시집가기 전에는 모두 효도하고 순종하더니 결혼을 한 후에는 불효한 마음이 점점 늘어난다. 또한 부모가 조금만 꾸짖어도 원망하면서 제 남편이 때리거나 꾸짖는 것은 참고 달게 받아들인다.

성이 다른 남편쪽 어른에게는 정이 깊고 소중히 대하면서 자기의 육친에게는 도리어 소원(疏遠)하게 대한다.

혹은 남편을 따라서 타향으로 옮겨가게

되면, 부모와 헤어지게 되면 사모하는 마음도 없으며 소식도 끊어지고 편지도 없게 된다. 그리하여 부모는 간장이 끊어지고 오장육부가 뒤집힌 듯하여, 딸의 얼굴을 보고 싶어하는 것이 마치 갈증날 때에 물을 생각하듯 간절하여 잠시도 쉴 새가 없게 된다.

이렇게 부모의 은덕은 한량이 없고 끝이 없건만 불효의 죄는 이루 다 말할 수가 없다."

이 때 모든 사람들이 부처님께서 말씀하시는 부모님의 은덕을 듣고 몸을 굽혀

땅에 엎드려 절하였으며, 스스로 부딪쳐 몸의 털구멍마다 모두 피를 흘리며 땅에 기절하여 쓰러졌다. 그리고 한참 후에 깨어나서 큰소리로 부르짖었습니다.

"우리들은 이제야 죄인임을 깊이 깨닫게 되었습니다. 그동안은 아무것도 몰라서 깜깜하기가 마치 밤에 길을 걷는 것 같더니 이제 비로소 잘못된 것을 깨닫고 보니 마음은 괴롭고 아픕니다. 오직 바라옵건대 부처님이시여, 불쌍히 여기시어 구제해 주십시오. 어떻게 하면 부모님의 깊은 은혜를 갚겠나이까?"

제2절 여덟 가지의 깊고 무거운 법음
　　(援喩八種)

이때 부처님께서는 여덟 가지 정중한 법음(梵音)으로 여러 사람들에게 말씀하셨습니다.

"너희들은 마땅히 알아야 할 것이다. 내가 이제 너희들을 위하여 분별해서 설명하리라.

가령 어떤 사람이 왼쪽에 아버지를 메고 오른쪽에 어머니를 메고, 살갗이 닳아서 뼈에 이르고 뼈가 닳아서 골수에 이르도록 수미산을 백천 번 돌더라도 오히려 부모님의 깊은 은혜는 갚을 수가 없느니라.
가령 어떤 사람이 흉년의 액운을 당해서 부모를 위하여 자기의 온 몸을 도려내어 티끌같이 만들어 백천 겁이 지나도록 하여도 오히려 부모님의 깊은 은혜는 갚을 수 없느니라.
가령 어떤 사람이 잘 드는 칼로써 부모님을 위하여 자기의 눈알을 도려내어 부처님께 바치기를 백천 겁이 지나도록 하여도 오히려 부모님의 깊은 은혜를 갚을 수 없느니라.
가령 어떤 사람이 부모님을 위하여 아주

잘 드는 칼로 자기의 심장과 간을 도려내어 피가 흘려 땅을 적셔도 아픔도 말하지 못하고 괴로움을 참으며 백천 겁이 지나더라도 오히려 부모님의 깊은 은혜는 갚을 수 없느니라.

가령 어떤 사람이 부모님을 위하여 아주 잘 드는 칼로 자기의 몸을 좌우로 찔러 이리저리 꿰뚫는 일을 백천 겁이 지나도록 하더라도 오히려 부모님의 깊은 은혜는 갚을 수가 없느니라.

가령 어떤 사람이 부모님을 위하여 몸을 등불삼아 불을 붙여서 부처님께 공양하기를 백천 겁이 지나도록 하여도 오히려 부모의 깊은 은혜는 갚을 수 없느니라.

가령 어떤 사람이 부모님을 위하여 뼈를 부수고 골수를 꺼내며, 또는 백천 개의 칼과 창으로 몸을 쑤시기를 백천 겁이 지나도록 하여도 오히려 부모님의 은혜는 갚을 수가 없느니라.

가령 어떤 사람이 부모님을 위하여 뜨거운 무쇠덩이를 삼켜 온몸이 불타도록 하기를 백천 겁이 지나도록 하여도 오히려 부모님의 깊은 은혜는 갚을 수가 없느니라."

제4장 불효에 대한 과보 (果報顯應)

제1절 발심하여 참회하고 닦아야 함 (啓發懺修)

이때에 모든 사람들은 부처님께서 말씀하시는 부모님의 깊은 은덕을 듣고 눈물을 흘리고 슬피 울면서 부처님께 여쭈었습니다.

"부처님이시여, 저희들이 이제야 큰 죄인임을 알았습니다. 어떻게 해야 부모님의 깊은 은혜를 갚을 수 있겠습니까?"

부처님께서 제자들에게 말씀하셨습니다.

"부모님의 은혜를 갚으려거든 부모님을

위하여 이 경을 쓰고, 부모님을 위하여 이 경을 읽고 외울 것이며, 부모님을 위하여 죄와 허물을 참회하고, 부모님을 위하여 삼보를 공경하고, 부모님을 위하여 재계(齋戒)를 받아 지니며, 부모님을 위하여 보시(布施)하고, 복을 닦아야 하느니라. 만약 능히 이렇게 하면 효도하고 순종하는 자식이라 할 것이요, 이렇지 못한다면 이는 지옥에 떨어질 사람이니라."

제2절 무간지옥에 떨어지는 고통(阿鼻墮苦)

부처님께서 아난에게 말씀하셨습니다.

"불효한 자식은 몸이 무너져 목숨을 마치게 되면 아비무간지옥(阿鼻無間地獄)에 떨어지느니라. 이 큰 지옥은 길이와 넓이가 팔만 유순(由旬)이나 되고, 사면에는 무쇠성이 둘러쳐 있고, 그 주위에는 다시 철망으로 둘러쳐 있느니라. 그리고 그 땅은 붉은 무쇠로 되어 있는데 거기서는 불길이 맹렬히 타오르며 우뢰가 치고 번개가 번쩍이느니라. 여기서 끓는 구리와 무쇠 녹인 물을 죄인에게 들어부으며, 무쇠로 된 뱀과 구리로 된 개가 항상 연기와 불을 내뿜는데, 이 불은 죄인을

태우고 지지고 볶아 기름이 지글지글 끓게 되니 그 고통과 비통함은 견딜 수가 없느니라.

그리고 무쇠채찍과 무쇠꼬챙이, 무쇠망치와 무쇠창 그리고 칼과 칼날이 비와 구름처럼 공중으로부터 쏟아져 내려 사람을 베고 찌른다. 이렇게 죄인들을 괴롭히고 벌을 내리는 것을 여러 겁이 지나도록 하여 고통을 받게 하는 것이 그칠 새가 없느니라.

또한 이 사람을 다시 다른 지옥으로 데리고 가서 머리에 화로를 이고 무쇠수레로 사지를 찢으며, 창자와 살과 뼈가 불타고 하루에도 천만 번 죽고 살게 한다. 이렇게 고통을 받는 것은 모두 전생에 오역(五逆)의 불효한 죄를 저질렀기 때문이다."

제3절 부모님의 은혜를 갚는 길 (上界快樂)

이 때 모든 사람들이 부처님께서 부모님의 은덕을 말씀하시는 것을 보고 눈물을 흘리고 슬피 울면서 부처님께 여쭈었습니다.

"저희들이 이제 어떻게 해야 부모님의

깊은 은혜를 갚을 수 있겠습니까?"

이에 부처님은 제자들에게 말씀하셨습니다.

"부모님의 은혜를 갚고자 하거든 부모님을 위하여 이 경전(經典)을 다시 펴는 일을 한다면 이것이 참으로 부모의 은혜를 보답하는 것이다. 경전 한 권을 펴내면 한 부처님을 뵈옵는 것이요, 열 권을 펴내면 열 부처님을 뵈옵는 것이요, 백 권을 펴내면 백 부처님을 뵈옵는 것이요, 천 권을 펴내면 천 부처님을 뵈옵는 것이요, 만 권을 펴내면 만 부처님을 뵈옵는 것이니라.

이렇게 한 사람은 경을 펴낸 공덕으로 모든 부처님들이 오셔서 항상 옹호해 주시는 까닭에 이 사람이 부모로 하여금 천상에서 태어나게 하여 모든 즐거움을 받으며 지옥의 괴로움을 영원히 벗어나게 된다."

제3편 부처님께 맹세 (流通分)

제1장 불법을 수호하는 여덟 신장들 (八部誓願)

이때 여러 사람 가운데 아수라·가루라·긴나라·마후라가·인비인(人非人)·천(天)·룡·야차·건달바와 또 여러 작은 나라의 왕들과 전륜성 왕과 모든 사람들이 부처님의 말씀을 듣고 각각 이렇게 발원했습니다.

"저희들은 앞으로 세상이 다하도록 차라리 이 몸이 부숴져 작은 먼지같이 되어서 백천 겁을 지낼지언정 맹세코 부처님의 가르침을 어기지 않겠습니다.

또 차라리 백천 겁 동안 혀를 백유순(百由旬)이 되도록 뽑아내 이것을 다시 쇠보습으로 갈아서 피가 흘러 내를 이룬다 해도 맹세코 부처님의 가르침을 어기지 않겠습니다.

또 차라리 백천 자루의 칼로 이 몸을 좌우로 찌르더라도 맹세코 부처님의 가르침을 어기지 않겠습니다.

또 차라리 작두와 방아로 이 몸을 썰고 찧어서 백천만 조각을 내어 가죽과 살과 힘줄과 뼈가 모두 가루가 되어 백천 겁을 지나더라도 끝까지 부처님의 가르침을 어기지 않겠습니다."

제2장 이 경의 명칭(佛示經名)

이 말을 듣고 아난이 부처님께 여쭈었습니다.

"부처님이시여, 이 경을 무엇이라 이름하며 어떻게 받들어 지녀야 합니까?"

부처님께서 아난에게 말씀하셨습니다.

"이 경은 ≪대보부모은중경≫이라 할 것이며 이렇게 이름을 지어 너희들은 항상 받들어지녀야 한다."

제3장 하늘과 사람이 받듦(人天奉持)

이때 모든 사람 가운데 천(天)과 인(人)과 아수라 등이 부처님의 말씀을 듣고 모두 크게 기뻐하면서 그대로 행할 것을 맹세하고 예배하고 물러갔다.

◇ 부모 은혜에 보답하는 진언(報父母恩重眞言)
나무 사만다 못다남 옴 아아나 사바하

◇ 극락세계에 태어나기를 바라는 진언(往生眞言)
나무 사만다 못다남 옴 실데율이 사바하

불설대보부모은중경(佛說大報父母恩重經) 끝

회 향 문

사경제자 :   합장

사경시작 일시 :   년   월   일

❀ 정성스럽게 쓰신 사경본 처리 방법 ❀

· 가보로 소중히 간직합니다.
· 본인이 지니고 독송용으로 사용합니다.
· 다른 분에게 선물합니다.
· 돌아가신 분을 위한 기도용 사경은 절의 소대에서 불태워 드립니다.
· 법당, 불탑, 불상 조성시에 안치합니다.

◆무비(如天 無比) 스님
· 전 조계종 교육원장.
· 범어사에서 여환스님을 은사로 출가.
· 해인사 강원 졸업.
· 해인사, 통도사 등 여러 선원에서 10여년 동안 안거.
· 통도사, 범어사 강주 역임.
· 조계종 종립 은해사 승가대학원장 역임.
· 탄허스님의 법맥을 이은 강백.
· 화엄경 완역 등 많은 집필과 법회 활동.

▶저서와 역서
· 『금강경 강의』, 『보현행원품 강의』, 『화엄경』, 『예불문과 반야심경』, 『반야심경 사경』 외 다수.

한글 부모은중경 사경

2쇄 발행일· 2015년 7월 15일
2쇄 펴낸날· 2015년 7월 25일
편 저· 무비스님
펴낸이· 이규인
편 집· 천종근
펴낸곳· 도서출판 窓
등록번호· 제15-454호
등록일자· 2004년 3월 25일

주소· (121-885) 서울특별시 마포구 합정동 388-28번지 합정빌딩 3층
전화· 322-2686, 2687/팩시밀리· 326-3218
e-mail· changbook1@hanmail.net
홈페이지· www.changbook.co.kr

ISBN 978-89-7453-212-3 04220
정가 6,500원

* 파손된 책은 구입하신 서점이나 《도서출판 窓》에서 바꾸어 드립니다.
☞ 염화실(http://cafe.daum.net/yumhwasil)에서 무비스님의 강의를 들을 수 있습니다.

도서출판 窓 "무량공덕 사경" 시리즈

제1권	반야심경 무비스님 편저	제11권	불설아미타경 무비스님 편저
제2권	금강경 무비스님 편저	제12권	원각경보안보살장 무비스님 편저
제3권	관세음보살보문품 무비스님 편저	제13권	천지팔양신주경 무비스님 감수
제4권	지장보살본원경 무비스님 편저	제14권	대불정능엄신주 무비스님 편저
제5권	천수경 무비스님 편저	제15권	수보살계법서 무비스님 편저
제6권	부모은중경 무비스님 편저	제16권	백팔대참회문 무비스님 편저(근간)
제7권	목련경 무비스님 편저	제17권	미륵삼부경 무비스님 편저(근간)
제8권	삼천배 삼천불 무비스님 편저	제18권	화엄경약찬게 무비스님 편저(근간)
제9권	보현행원품 무비스님 감수	제19권	법성게 무비스님 편저(근간)
제10권	신심명 무비스님 편저	제20권	묘법연화경(전7권) 무비스님 편저(근간)

도서출판 窓 "무량공덕 우리말 사경" 시리즈(근간)

제1권	한글 반야심경 무비스님 편저	제6권	한글 부모은중경 무비스님 편저
제2권	한글 금강경 무비스님 편저	제7권	한글 예불문 무비스님 편저
제3권	한글 관세음보살보문품 무비스님 편저	제8권	한글 백팔대참회문 무비스님 편저
제4권	한글 지장보살본원경 무비스님 편저	제9권	한글 묘법연화경(전7권) 무비스님 편저
제5권	한글 천수경 무비스님 편저	제10권	한글 삼천배 삼천불 무비스님 감수

도서출판 窓 "묘법연화경 한지 사경" 시리즈 무비스님 감수

제1권 묘법연화경(제1품, 제2품)
제2권 묘법연화경(제3품, 제4품)
제3권 묘법연화경(제5품, 제6품, 제7품)
제4권 묘법연화경(제8품, 제8품, 제9품, 제10품, 제11품, 제12품, 제13품)
제5권 법연화경(제14품, 제15품, 제16품, 제17품)
제6권 묘법연화경(제18품, 제19품, 제20품, 제21품, 제22품, 제23품)
제7권 묘법연화경(제24품, 제25, 제26품, 제27품, 제28품)

※표지: 비단표지, 본문: 고급국산한지

¤ "무량공덕 사경" 시리즈는 계속 간행됩니다.

☆ 법보시용으로 다량주문시 특별 할인해 드립니다.
☆ 원하시는 불경의 독송본이나 사경본을 주문하시면 정성껏 편집·제작하여 드립니다.

讀誦功德殊勝行 無邊勝福皆廻向

독송공덕수승행 무변승복개회향

普願沈溺諸有情 速往無量光佛刹

보원침익제유정 속왕무량광불찰

독송한 그 공덕 수승하여라,

가없는 그 공덕 모두 회향하여

이 세상 모든 사람 모든 생명,

한량없는 복된 삶 누려지이다.